PAUL WILLIAMS

LASS LOS

SPHINX POCKET 20

PAUL WILLIAMS

LASS LOS

SPHINX VERLAG BASEL

Aus dem Amerikanischen
von Marlies Studer

CIP-Kurztitelaufnahme der Deutschen Bibliothek
Williams, Paul:
Lass los / Paul Williams. [Aus d. Amerikan.
von Marlies Studer]. – Basel: Sphinx-Verlag, 1983.
(Sphinx pocket; 20)
Einheitssacht.: Das energi ‹dt.›
ISBN 3-85914-320-4
NE: GT

1984
3. Auflage

Originaltitel: Das Energi
Entwhistle Books
Lektorat: Hannes Bertschi
Umschlag: Thomas Bertschi
Gestaltung: Charles Huguenin
Gesamtherstellung: Fuldaer Verlagsanstalt
Printed in Germany
ISBN 3-85914-320-4

Für Sachiko und Kenta und Taiyo

EINFÜHRUNG

Dieses bemerkenswerte kleine Buch betrifft die beiden hauptsächlichen Anliegen im Leben jedes denkenden Menschen: Das Erwachen und die Angst vor dem Erwachen.

Einstein bemerkte einmal, dass ein Konzept so einfach wie möglich dargestellt werden soll, aber nicht einfacher. Lass Los *verkörpert dieses Prinzip. Wir sehen das Leben in seiner Einfachheit und in seinen Widersprüchen.*

In der dezenten Prosa/Poesie dieser Seiten begegnen wir «der einzigen Sünde» (Selbsthass). Die Ursache unserer persönlichen, falsch verstandenen Identität wird anhand verschiedener Beobachtungen entlarvt: die negative Einstellung des rationalen Geistes, intuitive Achtsamkeit, das «Jetzt», Leistung, Wandel und Kontinuität, Liebe, Scham, Arbeit, der Wille zur eigenen Freiheit, Furcht als Feind der Erkenntnis, Diskriminierung ohne Urteil.

Wir erinnern uns: «Gott ist was ist, wenn du die Entfernung wegnimmst.» Für uns alle ist das Ablegen der alten Haut ein historischer Akt. Lasst uns Geschichte machen.

Marilyn Ferguson

Selbsthass ist die einzige Sünde.
Es ist der Akt der Verneinung.
Vertrauen ist sein Gegenteil.
Der Begriff Übel existiert nicht.
Die Idee des Übels ist eine Krücke.
Wir werden nicht geheilt, solange wir die Krücke
nicht wegwerfen.
Heilen heisst gesünder werden.
Gesünder werden heisst, sich eines freieren
Energieflusses zu erfreuen.
Denn die fliessende Energie macht uns high.

Etwas als «Übel» zu betrachten heisst,
sich einzubilden, dass diese Sache, diese Person
nicht ein Teil von mir ist.
Es ist etwas anderes.
Etwas als «Übel» zu betrachten heisst,
zu verneinen versuchen, dass wir alle eins sind.
Wir haben einen Mythos, der davon erzählt.
Den Mythos von Gott und Teufel.
Der gefallene Engel, Luzifer —
aus dem Himmel gestossen, weil er Gott nicht gehorchte,
Gott, der gut ist. Luzifer der nicht-gut ist.
Nicht-Gott. Übel.
Aber wen versucht Gott an der Nase herumzuführen?
Gott ist Alles. Es gibt nichts, das nicht Gott ist.
Luzifer ist Gott. Es gibt keine Trennung.
Man kann nicht abfallen von der Gnade.
Man kann sich vielleicht vormachen,

dass jener Bruder dort drüben
nichts mit mir zu tun hat;
er ist etwas anderes,
er ist all das, was ich von mir selbst ausschliesse —
man kann sich dies vortäuschen.
Aber nicht lange.
Es ist nicht möglich, einen Teil seines Selbst
auszuschliessen.
Energiesysteme enthalten keinen Unrat.
Es gibt keinen Unrat.
Lieber Gott, das Spiel ist aus.
Hör auf, Deinen Schwanz zu jagen.
Umarme dein Selbst.
Luzifer kehrt in den Himmel zurück!
Lasst uns in den Strassen tanzen!

Selbsthass ist die einzige Sünde.
Wir nennen es Sünde, aber der wahre Name
ist Selbsttäuschung.
Wir müssen uns wieder in den Garten zurückbringen.
Das ist sehr einfach getan.
Wir sind *im* Garten.
Öffnen wir unsere Augen!

Wenn Du loslässt, wird etwas geschehen.
Angst ist immer die Vorwegnahme des Unbekannten.
Die meisten Probleme des Menschen hängen
mit seiner Unfähigkeit zusammen, sich zu entspannen.
Angst, loszulassen.
Wenn du loslässt, wird etwas geschehen.
Angst vor dem Unbekannten.
Der rationale Verstand will eine Übereinkunft treffen:
zuerst sage mir, was geschehen wird,
und dann werde ich loslassen.
Zum Teufel damit.
Niemand weiss, was geschehen wird.
Niemals.
Die Zukunft — der nächste Moment —
ist unerkennbar — unbekannt.
Der rationale Verstand will dies nicht glauben.
Er hat Angst davor.

Manchmal ist es erleuchtend, ein Wort zu haben für
Gott; manchmal ist es verblendend.
Wenn du eine Liste mit Wörtern für Gott aufstellst,
wirst du eine Liste mit allen Wörtern haben, die es gibt.
Du wirst nicht Gott haben.
Energie fliesst durch alle Dinge;
Sie ruht nie und nirgendwo.

Schuld ist eine Form von Selbsthass.
  Auch von Selbstmitleid.
Keiner profitiert von deinem Schuldgefühl.
Ausser du selbst — du benützt Schuld, um dich vom Schmerz des Bewusstseins zu schützen.
Wenn du deine Energie kurzschliesst,
hintergehst du uns alle.
Und brauchst dies dann als Ausrede für weitere
  Kurzschlüsse.
  Fühle dich nicht schuldig.
  Schliesse nicht kurz.
Akzeptiere Verantwortung für deine Handlungen.
Tue was richtig ist.
Lebe nicht in der Vergangenheit.
Lerne von der Vergangenheit.
Handle richtig in der Gegenwart.

Was ist richtig?
Richtig ist, was als richtig empfunden wird.
Intuitives Erkennen.
Du weisst genau, was richtig ist,
  für *dich*, in *diesem* Augenblick.
Niemand anders weiss es — keine Fakten sind massgebend.
Stell dir vor, du seist Teil eines Getriebes.
Du bist ein menschlicher Körper
mit einem eingesetzten menschlichen Verstand.
Durch das Unterbewusstsein dieses Verstandes
  bist du verbunden mit, bist du Teil von,
  hast du Zugang zu allem menschlichen Bewusstsein,
  das existiert.
Durch dein Unterbewusstsein.
Du bist ein empfindliches Instrument.
Du bist eine physische, emotionale, geistige
Erweiterung der ganzen menschlichen Rasse.
Du bist ein Individuum. Eine bestimmte Erweiterung.
Eine äusserste Grenze. Du bist definiert durch
deine eigene Vorstellung von «dir». Selbst.
Durch dein Unterbewusstsein hast du Zugang zum All.
Du bist ein empfindliches Instrument.
In jedem gegebenen Augenblick kannst du spüren
was richtig ist, und es tun.
Es (das Gespür) erfordert keine Anstrengung deinerseits.
So zu handeln liegt in deiner Natur. Es ist du.
Niemand anders ist wie du, und nirgendwo sonst
  existiert dieser Moment.
Du bist ein Teil des Getriebes.
Kannst du einen Tisch sehen, oder eine Stimme hören?
Dann kannst du auch spüren was richtig ist.

Du bist Gott.

Jeder Mensch ist eine Insel.
Wir sind alle ein Sein.
Jeder Mensch ist eine Insel, allein, abgeschnitten,
getrennt, voller Schmerz wegen dieser Trennung,
in jedem Moment danach trachtend, die Einsamkeit etwas
zu lindern, sich dadurch seines Alleinseins noch
bewusster werdend, Himmel und Erde in Bewegung setzend,
um diesen leeren Platz auszufüllen, diesen nagenden Hunger,
dieses bodenlose Loch im Herzen, das immer gerade
dann am tiefsten ist, wenn man glaubt, es endlich
ausgefüllt zu haben, es ist absurd,
es ist unerträglich, es ist die Kraft, die uns antreibt,
der Zerstörer des Friedens, der Beweggrund der Seele,
das ständige Heimwärtsdrängen, die Quelle allen Schmerzes
und aller Freude, Hoffnung, Verzweiflung, Hass, Liebe,
der Sinn des Lebens.
Wir sind alle ein Sein, nichts mehr, nichts weniger.
Wir sind alle allein, abgeschnitten von unserem Selbst,
durch weite Meere getrennt, nach Bewusstsein ringend,
aber blind geworden durch Schrecken, wir ersehnen
den Frieden, sind aber unfähig zu ruhen.
Jeder Mensch ist eine Insel.
Jede Insel ist eine Erweiterung desselben
verflixten Planeten.

Die Vergangenheit und die Zukunft sind unumgänglich.
Die Vergangenheit und die Zukunft existieren nicht.

Was meint das Wort «Leistung»?
Oft scheint es ein naher Verwandter des Todes zu sein.
Wir werden ermutigt, nicht zu verweilen,
das Leben nicht zu geniessen, uns zu beeilen
und die Arbeit zu Ende zu führen,
um dann Zeit für etwas anderes zu haben.
Etwas anderes –
was?

Leistung der Zerstörer, Millionen über Millionen
von lebenden Toten, kaputtgemacht durch den
elektrischen Büchsenöffner und das Automobil.
Fortschritt ist unser allerwichtigstes Produkt,
Babies sind unser Geschäft,
Zeit ist Geld,
Leben ist billig.

Moderne Technologie, moderne Unternehmen,
der moderne Staat
geben uns alles, was wir brauchen.

Ausser Luft, die man einatmen kann,
trinkbares Wasser, essbare Nahrung,
sinnvolle Arbeit, Freisein von Angst,
Freiheit zu lieben, Freiheit uns selber zu sein,
Mut, Stolz, Freundschaft, Hoffnung.
Und die Moral von der Geschichte: Sei nicht so in Eile.
Hüte dich vor schleichendem Leistungszwang.
Nimm dir Zeit und lebe.

Lieber Briefkastenonkel:

Wenn wir aufgehen im Gruppenbewusstsein und in der Einheit, ein Sein werden, werde ich dann meine Individualität verlieren? Ich besitze sie doch schon so lange — und hänge deshalb ziemlich daran.

«Besorgt»

Lieber «Besorgt»:

Wir sind ja schon ein Sein. Du bist zweifellos immer noch ein Einzelwesen und musst dir also überhaupt keine Sorgen machen. Je mehr du dir bewusst bist über dich, je mehr du handelst wie du selbst, um so wertvoller bist du für die ganze Schöpfung.
Im Gegensatz zum modernen Sozialstaat,
welcher unveränderliche Abziehbilder von
Individuen fordert, damit seine Computer die sozialen,
wirtschaftlichen, politischen Gegebenheiten
kontrollieren und berechenbar machen können.
Das lebende, atmende organisch-strukturierte Wesen,
das diesen Planeten bewohnt, und das
jetzt daran ist, Selbstbewusstsein zu erlangen,
hat das Bedürfnis nach grösstmöglicher Vielfältigkeit.
Je vielfältiger ein ökologisches System ist,
desto gesünder ist es.
Darum: Umarme deine Individualität, deine Selbst-heit.
Du hast ausser deinen Kreditkarten nichts zu verlieren.

In Liebe,
Dein Briefkastenonkel

Wahrheit ist, was richtig klingt.
Schönheit ist, was richtig aussieht.
Hüte dich vor der Symmetrie.

Wachsam sein heisst achtsam sein.

Es ist nicht möglich, einen Fehler zu begehen.
Am Anfang erschuf Gott all dieses Zeug, dann setzte
er Adam und Eva mitten drein, und
sie lebten ganz gut, es war das Paradies. Dann
sagte Gott, der kein Dummkopf war, zu ihnen: Schaut,
Kinder, ich habe noch einige Geschäfte zu erledigen.
Vergnügt euch nach Lust und Laune.
Aber was immer ihr auch treibt, unterlasst es, diesen Baum
dort drüben zu berühren. Und natürlich taten sie
dies dann. Und Gott kam zurück, wurde wütend,
öffnete die Tore und warf sie hinaus.
So wird die Geschichte erzählt.
Und das alles klingt plausibel. Adam und Eva,
das Menschengeschlecht, assen von der Frucht des Baumes
der Erkenntnis von Gut und Böse und verloren ihre
ursprüngliche Unschuld, erweiterten ihr Bewusstsein,
und sie waren auf ihrem Weg, sie konnten nicht mehr
umkehren. Wie alle unsere Handlungen war auch
die ihre unwiderruflich.
Okay.
Aber was soll nun eine Religion, die auf dem Unsinn
basiert, jeden Schritt zu *bereuen?*
Es ist nicht möglich, einen Fehler zu machen, oder?

Wir sind Gott — haben lange gebraucht,
das herauszufinden, nicht wahr? — und es war
höchste Zeit, dass wir aufhörten, mit diesem
Schuld-Schund hausieren zu gehen und endlich
angefangen haben, am Wesentlichen zu arbeiten,
nämlich den Himmel auf Erden zu schaffen.
Lasst uns unsere Vergangenheit anerkennen und uns
von ihr verabschieden.
Beginnen wir, an der Gegenwart zu arbeiten.

Warum weiter auf die Welt warten? Beginnen wir!

Stimme mit deinem Leben.
Stimme Ja.

Jeder Mensch erschafft sich selber.
Jeder von uns erschafft sich in jedem Moment neu.
Jeder von uns erschafft sich und die Welt
in der er lebt, erschafft die Welt,
wie sie zu sein scheint.
Die Welt, wie sie ist.
Jeder von uns ist verantwortlich für jeden Aspekt
seiner Schöpfung.

Jeder Mensch hat andere Bedürfnisse.
Bewusstseinserweiterung heisst, das Bewusstsein
mit dieser Tatsache zu erweitern.
Höheres Bewusstsein dieser Tatsache bewirkt
die Aufhebung und den Sturz aller existierenden
Regierungen, Wirtschaftssysteme, Bildungssysteme.
So geht das.
Wechsel ist eine Konstante.

Nicht was du weisst, ist massgebend. Hör auf zu prahlen.
Hör auf zu prahlen. Nicht was du tust, ist massgebend.
Was du bist, das zählt.

Worte enthalten kein Bewusstsein.
Sie können nur Bewusstsein auslösen.
Man erweist dem andern keinen Gefallen, wenn man versucht,
ihn mit einem Gedanken zu beeindrucken,
zu dem er keine Beziehung hat.
Aber wenn du ihm dazu verhelfen kannst, das Wesentliche
zu erkennen, könnte das sein Leben verändern.

Ein paar Menschen, die das Wesentliche erkennen
und miteinander kommunizieren, können eine
Kettenreaktion auslösen.
Es ist nichts so wirkungsvoll und durchschlagend
wie eine Idee, deren Zeit gekommen ist.

Indem ein Mensch das Wesentliche wahrnimmt
und akzeptiert, kann er die Welt verändern.

Die Welt verändert sich dauernd.
Sie wird dauernd verändert.

Die Kreatur, die auf diesem Planet lebt, die nun beginnt,
sich bewusst zu werden über sich als eine Kreatur,
ist nicht nur die Spezies Mensch.
Er/sie/es ist die Summe, die Kontinuität allen Lebens,
Bakterie und Berglöwe, Löwenzahn und Virus,
Tintenfisch und Pilz, Feldahorn und Mensch.
Der Mensch allein ist so wenig Gott
wie ein Hirn in einem Einmachglas kein Mensch ist.
Das Menschengeschlecht allein ist absurd,
ein bedeutungsloses Konzept.
Das Leben ist göttlich.

Leben bedeutet innerer Zusammenhang.
Alle Dinge sind miteinander verbunden.
Alle Wesen sind wechselseitig voneinander abhängig.
Sie können ohne einander nicht existieren.
Sie existieren nicht ohne einander.

Der Mensch ist die einzige Kreatur,
die ihr eigenes Trinkwasser vergiftet.
Offensichtlich ist deshalb die nächste Stufe
für uns Menschen, zur Kreatur zu werden,
die ihr eigenes Trinkwasser wieder reinigt
und Sorge dazu trägt.
Und natürlich auch zu dem von allen anderen.
Wir sitzen im selben Boot.

Eine Person, die wetteifert, ist eine Person,
die nicht weiss, wer sie ist.
Sie leidet an unterdrücktem Bewusstsein.
Eine Person, die eifersüchtig ist, ist eine Person,
die nicht weiss, was sie hat.
Sie leidet an unterdrücktem Bewusstsein.

Das Erstaunliche daran: es ist nicht einfach,
Bewusstsein zu unterdrücken.
Es erfordert ständige Anstrengung.
Du musst wirklich hart arbeiten,
um dich elend zu fühlen.

Besitzgier ist eine Form von Zweifel.
Die Menschen klammern sich an das, was sie
haben, weil sie daran zweifeln,
dass sie es auch wert sind.
Würden sie ihren eigenen Wert kennen, wüssten sie,
dass sie sich an nichts zu klammern brauchen.

Du kannst nicht immer bekommen, was du willst.
Aber du bekommst, was du brauchst.
Und du hast immer mehr als du wünschen kannst.
Deine Wünsche hindern dich nur zu geniessen,
was du hast.

Errungenschaft ist ein grösserer Genuss als Besitztum.
Und da du ja bekommst, was du brauchst,
ist es das einfachste, freien Herzens etwas von deinem Besitz wegzugeben, so dass du immer etwas brauchst.

So hast du auch weniger Ballast mit dir herumzutragen.

Es ist immer ein Genuss, am Energiefluss teilzunehmen.

Teilzunehmen am Energiefluss ist die einzige Befriedigung, die es im Leben gibt.

Bewusster Sex ist reiner Energiefluss.
Schuld ist ein Hemmschuh.
Deshalb heisst es, dass der nicht lieben kann,
der sich nicht selber liebt.
Liebe ist Bejahung.

Liebe ist Bejahung.
Eifersucht, Besitzgier sind Zweifel.
Eifersucht und Besitzgier haben mit Liebe nichts zu tun.
Jede Liebestat sollte Anlass zu Freude geben, jeder Person, die sich darüber bewusst ist.

Über die Liebe sich zu ärgern heisst,
Angst vor dem Leben zu haben.

Scham.

Scham ist das Resultat, wenn man unterlassen hat zu tun,
was man als richtig empfindet; oder wenn man
wegen gesellschaftlichem Druck kein Vertrauen
in seine eigenen Gefühle hat.
Sich schämen heisst, über sich selbst richten; man
sollte nie über sich richten; man sollte nie richten.
Das Beste, was du tun kannst ist,
nach deinen Gefühlen zu handeln,
in deinen Gefühlen offen und ehrlich zu sein.
Wenn deine Freunde oder Nachbarn dich nicht
verstehen, ist es deine Verantwortung, so lange zu
tun was für dich richtig ist, bis sie verstehen.
Weniger als das zu tun heisst,
sich vor Bewusstsein zu drücken.
Wenn du *nicht* tust, was deinem Gefühl nach das
richtige ist, dann schäme dich nicht.
Konzentriere deine Energie darauf,
richtig zu handeln.

Ich kann nicht.
Wir sagen das so gerne.
Ich kann nicht.
Es ist nie wahr.

Harte Arbeit ist entspannend. Es ist kinderleicht.
Es ist ein Vergnügen, seinen Körper total zu fordern.
Es ist ein Vergnügen, seinen Verstand total zu fordern.
Harte Arbeit ist oft eine Belastung, und zwar dann,
wenn sie dazu verleitet, die Dinge vorwegzunehmen.
Nimm nichts vorweg, tue nichts, was nicht nötig ist,
und du wirst nie das Gefühl haben, faul zu sein.
Es ist ein Vergnügen, Teil des Energieflusses zu sein.
Ein Körper oder Verstand, der selten in voller
Bewegung ist, ist ein Körper oder Verstand,
der selten vollkommen ruhen kann.

Jene, die sich vor der Anarchie fürchten und für Gesetz und Ordnung sind, sollten wissen, dass alles Leben in perfekter Ordnung ist, und dass die Naturgesetze niemals gebrochen werden können...
Es sind nur die primitiven Strukturen des Menschen, die sich in Unordnung befinden.

Jene, die sich vor Autorität fürchten und persönliche Freiheit wollen, sollten wissen, dass jede lebende Kreatur frei ist, ihrem Willen zu folgen, und dass die einzige Autorität, der es zu gehorchen gilt, in unserem eigenen Willen wohnt.

Wenn es deinem Leben an Ordnung mangelt, dann ist es, weil du die Ordnung der Natur und die Ordnung Gottes noch nicht akzeptiert hast.

Wenn du dich nicht frei fühlst, dann ist es, weil du dich noch nicht zu deiner eigenen Freiheit bekannt hast und darauf wartest, dass sie dir gegeben wird.

Du wirst für immer warten.

Der Mensch, jene Kreatur, die glaubt, es sei ihre Aufgabe, die Natur zu kontrollieren und zu besiegen, fängt jetzt damit an, sich an das Wesentliche zu erinnern: dass er selber ein Teil der Natur ist.

Er hat sich den Weg bis zur Spitze der planetarischen Wirbelsäule hinaufgekämpft, mit jedem Schritt Schaden verursachend. Jetzt schaut er ganz bestürzt um sich: *Was tue ich hier denn überhaupt?*

Verantwortung übernehmen, antwortet eine leise, schwache Stimme überall um ihn herum.

Lasst uns daran erinnern, dass unsere Leben nichts
als Momente im Fluss der Ewigkeit sind...
Und lasst uns auch wieder daran erinnern,
dass die Ewigkeit nichts als ein Fluss von Leben ist.

Es liegt ganz bei dir.
Du bist für dein Leben verantwortlich.
Du bist der Schöpfer.
Es ist eine erschreckende Bürde und eine grosse Freiheit.

Es liegt ganz bei dir.
Wenn du Verantwortung übernimmst für ein Leben,
übernimmst du Verantwortung für alles Leben.
Wenn du keine Verantwortung übernimmst für dein Leben,
dann existierst du nicht.
Hart, nicht?

Und wenn du schliesslich erkennst, wie hart es
wirklich ist, wenn du schliesslich das Leben
akzeptierst, wenn du schliesslich herausgefunden
hast, dass es keinen anderen Ausweg gibt als
Selbst-Erkenntnis, und den unglaublichen Schmerz
und die schreckliche Einsamkeit und Verantwortung,
die diese mit sich bringt, dann, und nur dann wirst du
beginnen, lebendig zu sein
und die Freuden der Freiheit kennenlernen.

Du weisst, was getan werden muss.
Warum tust du es nicht?

Vernichte dein Zögern, bevor es wächst
und sich in Angst verwandelt.

Es ist die Natur der Angst, sich selbst zu füttern.
Unter geeigneten Umständen füttert sie sich
unglaublich schnell.
Vernunft ist nicht schnell genug,
um Angst auszulöschen.
Das ist der Fehler, den die meisten von uns begehen.
Argumentiere nicht mit der Angst. Wische sie aus
deinem Verstand in dem Augenblick, in dem du
sie wahrnimmst.
Übe dich darin, die frühesten Symptome wahrzunehmen.
Stop die Angst. Wische sie aus. Eliminiere sie zuerst,
und stell diese Fragen später.

Stell dir einen Seiltänzer vor. Der Gedanke beginnt mit:
Was wäre, wenn ich jetzt Angst bekommen würde? Was,
wenn ich hinunterschauen würde? Der Gedanke muss
beim ersten «Was wäre wenn» getötet werden.
Länger zuwarten hiesse, seine Sicherheit
zu verlieren, abzustürzen.
Wir sind alle Seiltänzer.
Wir müssen diesen Reflex lernen, um zu überleben.

Reflex. So geht man mit der Angst um.
Hör zu.
Lerne.
Angst ist der grösste Feind des Bewusstseins.
Sie überflügelt Scham und Schuld bei weitem.
Angst ist die Kraft, die uns zurückhält.
Wir brauchen nicht mehr länger zurückgehalten werden!
Hör zu.
Es gibt einen Weg, mit der Angst umzugehen.
Erstens: Akzeptiere, dass Angst unnötig ist, dass es *nie* einen Grund gibt, sie leben zu lassen.
Trage dieses Wissen immer mit dir;
es ist dein erstes Verteidigungsmittel.
Zweitens: Lerne, deine Ängste wahrzunehmen, in all ihren Formen, im frühmöglichsten Stadium.
Drittens: Lerne Reflex. Jedes angsttötende Mantra ist recht. Wiederhole: Ich muss mich nicht fürchten.
Ich brauche mich nicht zu fürchten. Schreibe dein eigenes Mantra. Lerne es. Benütze es. Angst töten ist wie ein Feuer auslöschen. Reflex.
Angst: Lösch sie aus.
Viertens: Denke *nie* zuerst, *unter keinen Umständen.*
Das würde den Reflex zerstören. Drücke zuerst ab.
Lösch sie aus. Dann denke. Wenn du musst.

Es ist schwierig, den urteilenden Verstand zu stoppen, welcher natürlich der Erzeuger der Angst ist.
Hier ist ein Argument, das du sicher verstehst; vielleicht kommt es dir auch bekannt vor.
Das Argument ist, dass Angst nötig und dass Angst eine Warnung ist, dass Angst vor Gefahren schützt. Wenn das Baby nicht lernen würde, Angst zu haben vor dem heissen Ofen, würde es sich wieder und wieder die Finger verbrennen. Nicht über Angst nachzudenken, sie nicht leben zu lassen, würde dann also heissen, so sagt das Argument, dass man sich Gefahren gegenüber blind machen würde.
Dein Verstand wird dieses Argument erfassen; dein Verstand muss es beantworten. Muss es im voraus beantworten; diese Argumente sind tödlich, falls man wartet, bis die Angst da ist und wütet. Angst wird aus der Vernunft geboren, und sie zerstört die Vernunft. Man soll nicht die Vernunft gebrauchen, um die Angst zu bekämpfen.
So denke jetzt über dieses Argument nach.
Brauchen wir die Angst? Ist sie wirklich unser Beschützer?

Das ist, was ich darüber denke.
Ich glaube, dass Angst ein Wecker ist.
Das erste, was du tust, wenn der Alarm klingelt: du stellst ihn ab! Dann reagiere auf den Alarm, sammle dich, handle.
Und das ist Schritt fünf: sei wach. Ignoriere die Angst nicht. Lösche sie aus, und dann bleibe wach. Es sollte offensichtlich sein, was die Angst verursacht.

Darüber nachzudenken hiesse, die Erkenntnis zu begraben anstatt zu fördern. Wenn es nicht offensichtlich ist, prügle es nicht aus dir heraus. Bleibe einfach wach. Halte deine Augen offen. Sei umsichtig.
Oh, übrigens, es ist nicht die Angst, die das Baby vom Ofen fernhält, nachdem es ihn einmal berührt hat, es ist das Bewusstsein. Schmerz und Bewusstsein sind dasselbe, Angst und Bewusstsein sind es nicht.

Angst ist der Verstandtöter.

1. Angst muss ausgelöscht werden. Akzeptiere das.
2. Lerne, Angst wahrzunehmen.
3. Lösch sie aus. Reflektiere.
4. Denk nicht darüber nach.
5. Reagiere. Sei wachsam. Sei bewusst.

Es funktioniert.
Reflex funktioniert. Das Mantra funktioniert.
Du brauchst keine Angst zu haben.
Wenn du diese Worte liest und immer noch Angst hast, ist es nur deshalb, weil du Angst haben willst.
Warum willst du?
Frage nicht.
Lösch sie aus.

Ein gesunder Verstand ist ein Verstand, durch den die Energie frei fliesst.
Freifliessende Energie macht uns high.

Angst ist eine Krankheit.
Sie blockiert den Energiefluss.
Sie breitet sich aus. Sie zerstört.
Wenn sie nicht gestoppt wird, tötet sie.
Selbst eine ganz kleine Menge Angst wird uns daran hindern, high zu sein.

Angst scheint eine bakterielle Krankheit zu sein.
Zweifel ist Blutarmut.

Ein ernsthafter Fall von Zweifel, ein ernsthafter Mangel
an Selbstvertrauen werden den Geist weit offenhalten
für die zerstörenden Heimsuchungen der Angst
(und Habgier, Scham, Schuld).

Der Aufbau von Selbstvertrauen ist der Schlüssel zu
seelischer, geistiger und körperlicher Gesundheit.

Der Weg, Selbstvertrauen aufzubauen ist, Dinge zu tun,
von denen man nicht sicher ist,
ob man sie auch ausführen kann.

Wenn du einmal angefangen hast, bleibe dabei.
Gib niemals auf. Streng dich mehr an, wenn es nötig ist,
entspanne dich, wenn du kannst. Wenn du nicht solange
dranbleibst, bis du befriedigt bist, wirst du nie
wissen, zu wieviel du fähig bist. Du bist zu allem fähig.
Deine Kraft ist so gross wie dein Verlangen.

Tu nichts, das du nicht tun musst.

Die meisten Unterfangen dauern nicht ewig. Im Leben eines jeden von uns gibt es vieles, das wir tun möchten und auch tun könnten. Aber wir zögern. Wir haben Angst zu versagen. Wir haben Angst vor Frustrationen. Wir haben zuwenig Selbstvertrauen.

Es ist ein Teufelskreis, und er muss durchbrochen werden. Wenn du dich einmal entschlossen hast, ihn zu durchbrechen, hast du alles getan, was zu tun ist. Verpflichte dich zu etwas. Fange an, es durchzuführen. Führe es durch, und die nächste Aufgabe wird einfacher für dich sein. Führe dieses Projekt zu Ende, und dein gestärktes Selbstvertrauen wird es dir leichter machen, an die nächste Sache heranzugehen. Hier, an diesem Punkt, wird der Kreis durchbrochen.

Passivität ist eine Kraft, die dann gegen dich arbeitet, wenn du Lust hast, etwas zu tun, es aber nicht tust. Aber wenn du den Tag anpackst und beginnst, etwas zu tun, dann arbeitet die Passivität mit dir, für dich, sie treibt dich an, bis die Arbeit getan ist.

Der Weg, um Selbstvertrauen aufzubauen ist, anzufangen etwas zu tun. Dinge, von denen du weisst, dass du sie tun kannst, wie z. B. zum Kühlschrank zu gehen, um ein Bier zu holen, bedeuten nichts. Selbstvertrauen aufzubauen heisst, Dinge tun, von denen man nicht sicher ist, dass man sie auch ausführen kann. Mit einem Fremden flirten zum Beispiel, oder dein eigenes Brot backen, oder ein Bild malen, oder angeln gehen. Was immer du auch tust, der Trick ist: Denke nicht darüber nach. Überlege nicht. Tu es. Packe den Tag beim Schopf, fange an und bleibe dabei, und alles wird einfacher.

Um dein Selbstvertrauen zu erhalten, stelle dich immer und immer wieder neuen Herausforderungen.
Und vergewissere dich, dass es auch wirklich neue sind und nicht immer dieselben alten Tricks
in neuer Aufmachung.

Der Schlüssel ist Engagement. Bist du einmal voll
und ganz drin, ist es schwierig aufzugeben
und auszusteigen. Und so bleibst du dabei und tust es,
und du wirst um das stärker und sicherer.

Dich ins Wasser zu werfen ist der beste Weg,
schwimmen zu lernen.

Hüte dich vor «Bildung», sie ist nur Vorbereitung.
Die einzige Form von Bildung ist die Erfahrung;
alle Vorbereitung in der Welt wird dich nur lehren,
wie du dich vorbereiten sollst.

Warum noch länger warten? Spring ins Wasser.
Und die Welt wird beginnen.

Oder du wirst ertrinken, wenn du wirklich überhaupt
keinen Willen hast.
Mehr Glück dann im nächsten Leben.

Aller Wille basiert auf dem Willen zu überleben.
Falls du den nicht hast, lebst du wahrscheinlich nicht.

Wir stehen am Beginn eines neuen Zeitalters,
einer ganz neuen Welt.
Die menschliche Bewusstheit, unser gemeinsames
Bewusstsein ist im Begriff, einen
Quantensprung zu vollführen.
Alles wird sich ändern.
Du wirst nie mehr derselbe sein.
Alles wird geschehen, sobald du bereit bist.

Komm ins Wasser, es ist herrlich.

Wer zögert ist verloren.

Wer das Leben wählt ist gerettet.

Wir lernen, keine Grenzen zu ziehen.
Keine Grenzen zwischen schwarz und weiss.
Keine Grenzen zwischen jung und alt.
Keine Grenzen zwischen unserer Seite und eurer Seite.
Keine Grenzen zwischen mir und dir.

Keine Grenzen zu ziehen heisst, nicht zu benachteiligen.
Die Fähigkeit zu benachteiligen ist der Schlüssel
zu unserem Wahrnehmungsvermögen —
Sind wir nicht ganz bei Sinnen?

Mag sein.

Vielleicht lernen wir auch, Grenzen zu ziehen,
die sich verwischen.

Manchmal bin ich über etwas zornig.
Es passt mir nicht.
Ich kann es in eine Kategorie einteilen, versuchen,
es für immer nicht zu mögen, meine Kinder lehren,
es nicht zu mögen.
Oder, ich kann meinen Zorn verarbeiten,
und es dann vergessen.
Wenn wir uns das nächste Mal wieder begegnen,
sind wir Freunde.

Wir lernen, keine Grenzen zu ziehen.
Keine Grenzen zwischen gut und böse.
Keine Grenzen zwischen richtig und falsch.
Keine Grenzen zwischen Mann und Frau.
Keine Grenzen zwischen Gott und Mensch.

Keine Grenzen zu ziehen heisst, nur für den Moment
zu benachteiligen.
Heisst, nicht über die Situation hinaus zu gehen.
Heisst, nicht über die Welt hinaus zu gehen,
die wirklich ist.

Hier und jetzt, Leute.
Oder aber verbringt unendliche Zukunft damit, die
Streitereien aus endloser Vergangenheit auszutragen.

Du musst wählen:
Wünschst du, nichts wahrzunehmen, oder
willst du die Dinge sehen, wie sie wirklich sind?
Es ist nicht schwierig, die Dinge so zu sehen, wie sie
wirklich sind, es geht dabei nur darum, die Mauern
niederzureissen, sich von seinen Verteidigungs-
mechanismen und seinen Vorurteilen zu befreien,
sich verletzbar zu machen, zum Narren, zum Idioten.
Aber es ist nicht einfach, die Dinge so zu sehen,
wie sie wirklich sind, weil es schmerzhaft ist,
es ist wirklich, es verlangt nach Reaktion,
es bedeutet unglaubliches Engagement.
Neun Zehntel des Weges zu gehen heisst, in jedem Moment
an völligem Wahnsinn zu leiden.
Den ganzen Weg zu gehen heisst, geistig zu gesunden.

Die meisten Menschen bevorzugen Blindheit.
Aber die meisten Menschen sind eine sterbende Rasse.

Geboren sein heisst, vollkommen verletzbar
  und offen zu werden,
  alle Sicherheit aufzugeben
  und für das Leben einzutauschen.
Wir müssen uns nicht fürchten,
  in jedem Moment neu geboren zu werden.

Babies sind immer high.
Sie haben keine Vorurteile; sie ziehen keine Grenzen.
Sie sind völlig offen für Schmerz und Freude.

Babies sehen die Dinge so, wie sie wirklich sind.

Kinder sind die meiste Zeit high.
Sie sind offener als die Erwachsenen, haben weniger Vorurteile, lassen mehr mit sich geschehen.
Sie scheinen unerschöpfliche Energien zu haben.

Aber glaube nicht, die Erwachsenen seien gefallene Engel!
Es ist nicht möglich, von der Gnade abzufallen.
Erwachsene haben Zugang zu unendlicher Energie; sie
  können sich befreien von Vorurteilen und Mutmassungen.
Sie können so high sein wie sie es wählen.
Aber sie können der Verantwortung nicht entrinnen.
Und wenn du deine Verantwortung nicht umarmst,
  sie liebst wie dich selbst,
  wirst du nie high sein können.
Du wirst nie frei fliessende Energie geniessen können.

Was ist Verantwortung?
Ah — du könntest ebensogut fragen: Was ist Selbst?
Es ist *deine* Verantwortung und *dein* Selbst,
und kein Buch und kein Mensch kann dir auch
nur das *geringste* darüber sagen.

Versuche nicht herauszufinden, was
deine Verantwortung ist.
Es ist kein Was.
Es ist eine Beziehung.
Es ist nicht etwas das du weisst,
es ist etwas das du tust.
Versuche, ihr näher zu kommen.
Versuche, mehr dich selbst zu werden.

Versuche nicht herauszufinden, wer du bist.

Wir können über *unsere* Verantwortung sprechen,
wenn du willst.
«Wir», in diesem Falle, sind Männer und Frauen;
dieses Buch ist für
Männer und Frauen geschrieben; es ist nicht für
oder von Gott geschrieben;
in dem Moment, in dem du dir voll bewusst wirst
über deine Göttlichkeit, wird dieses Buch
belanglos.
Unsere Verantwortung auf diesem Planeten ist es,
unseren Platz im Lebensfluss zu finden.

Wir müssen von jeder Handlung ablassen,
die sich gegen den Lebensfluss richtet.
Wir müssen von jeder Nicht-Handlung ablassen,
die sich gegen den Lebensfluss richtet.
Einige dieser Tätigkeiten und Untätigkeiten sind
uns bereits bewusst.

Also beginnen wir jetzt.
Möge jedes Individuum, das diese Worte liest,
alle Aktivitäten einstellen, die für den Lebensfluss
schädlich sind. Möge jedes Individuum,
das diese Worte liest, alles tun,
das notwendig ist, um die Harmonie des
Lebensflusses zu erhalten.

Wir müssen von jeder Handlung ablassen,
die sich gegen den Lebensfluss richtet.
Wir müssen von jeder Nicht-Handlung ablassen,
die sich gegen den Lebensfluss richtet.
Viele dieser Tätigkeiten und Untätigkeiten sind uns
noch nicht bewusst.
Sie werden erkennbar für uns,
indem wir unser Bewusstsein erweitern.
Also beginnen wir jetzt.

Wenn wir vollkommenes Bewusstsein erreichen —
Selbstbewusstsein — werden wir auf diesem Planeten
unseren Platz im Lebensfluss gefunden haben.
Wenn wir auf diesem Planeten unseren Platz im
Lebensfluss gefunden haben,
werden wir vollkommen bewusst sein.
Dann wird es keinem Individuum mehr möglich sein,
nicht mit allem Leben zu harmonieren.
Es wird ebenso unmöglich sein, wie es unmöglich ist,
nie zu atmen.

Wenn wir — die menschliche Rasse — vollkommenes Bewusstsein erlangen, dann wird etwas noch viel Unglaublicheres geschehen.

Alles Leben auf diesem Planeten wird vollkommenes Bewusstsein erlangen!

Wir werden alle miteinander erwachen.

Dann wird da eine Kreatur sein, neu geboren, allein
und voller Schmerz und Freude; und diese Kreatur wird
die Dinge so sehen, wie sie wirklich sind, und sie
wird fortwährend high sein.
Bis sie heranwächst.

Habe keine Angst zu lieben.

Habe keine Angst, Männer zu lieben, Frauen,
die ganz jungen, die ganz alten, Tiere, Pflanzen,
plötzliche Bekanntschaften, lebenslängliche Freunde,
deine Kinder, deine Eltern, Fremde,
dich selbst.

Liebe ist Bejahung.
Du bist Gott.
Gib uns deinen Segen.

Lass dich beglückwünschen.

Höre auf keinen, der dir sagen will, wie du lieben sollst.
Deine Liebe ist wie keine andere, und das macht sie so schön.
Dein Selbst ist deine Göttlichkeit.
Offenbare dein Selbst.

Früher oder später beginnt eine Person wahrzunehmen, dass alles, was ihr geschieht, genau richtig ist, sich direkt bezieht auf wer sie ist; und was zu geschehen hatte, bestimmt war zu geschehen, und es eine kleine Rolle spielt in der Erfüllung ihrer Bestimmung.

Wenn sie Schwierigkeiten hat, beklagt sie sich nicht länger — sie hat gelernt, nichts zu erwarten, hat gelernt, dass Verlust und Frustration ein Teil des Lebens sind und im richtigen Zeitpunkt kommen — sie fragt sich selbst vielmehr: weshalb geschieht dies?... womit sie meint: was kann ich daraus lernen, wie wird es mich stärken, mich bewusster machen? Sie lässt sich stärken, sie wächst, genauso wie sie sich entspannt und erfreut, wenn ihr das Leben freundlich gesinnt ist.

Gestärkt durch diese einfache Erkenntnis, dieses Bewusstsein, dass das Leben perfekt ist, dass alles im richtigen Moment geschieht, und dass sie immer die geeignete Person ist für die Situation, in der sie sich befindet, beginnt sie sich mehr und mehr im Einklang zu fühlen mit ihrer inneren Natur, und es fällt ihr immer leichter und leichter, das zu tun, von dem sie weiss, dass es für sie das richtige ist. Alle Zufallsbegebenheiten erscheinen ihr als beabsichtigt; alle beabsichtigten Begebenheiten nimmt sie ganz klar wahr als Teil des schaffenden Zufalls. Besorgnis beunruhigt sie selten; sie weiss, dass ihr Tod im richtigen Moment kommen wird; sie weiss, dass ihre Handlungen richtig sind und dass deshalb die daraus resultierenden Konsequenzen bestimmt sind zu geschehen. Wenn sie beunruhigt ist, dann realisiert sie, dass sie etwas nicht getan hat, das sie hätte tun sollen, eine unerfüllte Beziehung etwa, deren sie sich bewusst geworden ist, aber... Sie nimmt ihre Besorgnis als eine Mitteilung wahr, die ihr sagen will: hör auf zu zögern, wenn du dich high fühlen willst... Sie weiss, dass sie nicht mehr im Einklang ist mit sich selbst, weil sie sich selbst aus dem Einklang bringen liess; und weil sie weiss, dass sie fähig ist, beginnt sie zu handeln. Sie geniesst ihr höheres Bewusstsein; aber nicht mehr die Unruhe, deshalb hört sie auf zu zögern und tut, was sie zu tun hat.

Sie lebt nicht in einem Zustand von Glückseligkeit, hat aber vielleicht doch das Gefühl, auf einen solchen zuzugehen – oder auf *etwas* zu. Sie weiss nicht, was es ist, nur dass es der Weg ist, den sie zu gehen hat, und die Reise dorthin ist das einzige Leben, das sie geniesst. Es ist hart; es ist aufregend; es ist befriedigend, einsam, erfreulich, frustrierend, verwirrend, erleuchtend, real; es ist ihr Leben, das ist alles.

Sie akzeptiert es.

Früher oder später beginnt eine Person wahrzunehmen...

Die Bejahung des eigenen Lebens
— das Annehmen der eigenen Bestimmung, wie sie sich
in jedem Moment manifestiert —
ist der höchste Akt von Vertrauen.
Es ist so unglaublich einfach.
Es ist tiefste Hingabe.

Nichts ist wichtiger als zu tun, was richtig ist.
Das ist so lächerlich offensichtlich, dass die meisten Menschen dem keine Beachtung schenken.
Die meisten Menschen scheinen zu denken, dass das, was offensichtlich ist, unter ihrer Würde liegt.
Sie lassen sich die Wahrheit entgehen auf Kosten von etwas eher intellektuell Anregendem.

Es ist nie schwierig zu spüren, was richtig ist.
Manchmal, vielleicht, scheint ein Konflikt zu bestehen
zwischen zwei Dingen, die man tun könnte und die
beide richtig erscheinen.
Wenn dir dies passiert, akzeptiere es als eine
Botschaft, die dir sagen will, dass du nicht
im Einklang bist mit dir selber.
Versuche nicht, dich zu entscheiden.
Entspanne dich, und erlaube deinen Gefühlen,
die Führung zu übernehmen.
Du bist ein empfindsames Instrument,
und du kannst immer spüren, was richtig ist.
Kämpfe nicht dagegen an.

Entspanne dich.

Tu es.

Entscheidungen treffen ist ein Laster.
Einige Süchtige erreichen ein Stadium, in dem sie fast nichts mehr anderes tun, als sich mit Entscheidungen abzuquälen.
Das ist eine subtile Form von Zögern.
Wie bei allen Süchtigen, ist auch hier die Entziehungskur das einzige Mittel.
Du könntest den Rest deines Lebens damit verbringen, zu probieren dich zu entscheiden, ob du die Kur machen willst.

Alle Moral muss auf innerer Wahrheit basieren.
Jede Moral, die gegen die innere Erkenntnis strebt,
ist unmoralisch.

Denke niemals, du weisst, was für den
andern richtig ist.
Sonst beginnt er plötzlich, den Spiess umzudrehen.

Zwei Menschen müssen sich nicht darüber einig werden,
ob es richtig ist, zusammenzusein.
Sie müssen nur zusammensein wollen.
Wenn das einfach tönt, dann versuch es einmal.

Wir haben Angst uns hinzugeben,
und wir haben Angst loszulassen.
Sich völlig hinzugeben, bedeutet das Kreative,
der Himmel.
Loszulassen bedeutet das Empfängliche, die Erde.
So erweitern wir unser Leben in keines dieser beiden
Reiche der Vollendung, wo wir doch beide so leicht
bewohnen können.
Unsere Ängste treten dazwischen,
und wir bleiben im Fegefeuer.

Wie wenig Anstrengung würde es uns doch kosten,
unsere sinnlosen Tätigkeiten loszulassen und
unsere Energie dafür zu verwenden, Angst zu überwinden,
um den Himmel auf Erden zu erlangen!

Sei aufmerksam; das ist immer ein guter Ratschlag.
Es ist erstaunlich, wie viel Frustration vermieden und
wie viel Freude und Bewusstsein gewonnen werden kann,
einfach, indem man aufmerksam ist, gegenüber sich selbst
und den Menschen und der Welt um sich herum,
wo immer man gerade ist.

Es ist die grösste Show auf Erden,
und sie geht gerade hier und jetzt über die Bühne!

Die Gegenwart ist immer interessanter als die Zukunft
oder die Vergangenheit.

Die einzige Möglichkeit, die Show und das Leben zu geniessen, eröffnet sich einem als Teilnehmer. Vielleicht sind es jene Menschen, die meinen, sie seien Zuschauer, die die Idee verbreiten, man müsse für alle Freuden bezahlen.
Bezahle für nichts –
das Leben ist gratis.

Geld und Besitz sind veraltete Begriffe;
in der neuen Welt ist die einzige Ökonomie
jene der Energie; wenn du aufhörst,
dich mit den Begriffen Geld und Besitz zu befassen,
wirst du dich in dieser neuen Welt finden.

Das erste Gesetz der Energie-Ökonomie lautet:
Du bekommst, was du brauchst.

Darum mache dir keine Sorgen darüber, dass du erfrieren oder verhungern könntest, bevor du diese neue Welt entdeckt hast; es gibt nichts zu entdecken; es passiert einfach.

Lass die alte Welt los, und die neue Welt wird um dich herum wachsen wie eine neue Haut.

Die alte Haut abzulegen ist der Akt der Umwälzung.

Umwälzung ist eine persönliche Angelegenheit.
Du kreierst die Welt; *du* musst sie ändern.

Tu es.

Wiederhole wenn nötig:
Wir entwachsen nie unserem Bedürfnis nach
Veränderung.

Das zweite Gesetz der Energie-Ökonomie lautet:
Es ist nicht möglich, einen Fehler zu machen.

Das dritte Gesetz lautet:
Du kannst es schaffen, wenn du es versuchst.

Jeder von uns hat Zugang zu aller Energie, die es gibt,
zu allem, was wir uns vorstellen können.
Also zu unendlicher Energie, im Sinne vom Kreis,
der unendlich ist.
Energie zirkuliert wie Blut, das andauernd durch
jede Zelle unseres Körpers fliesst.
Jede Zelle bekommt, was sie braucht.
Sie stellt Forderungen, wenn sie etwas nötig hat.
Diese Forderungen werden nie ignoriert.

Da sind jene, die sagen, dass eine Zelle, wenn sie Teil
eines Körpers ist, kein Individuum sei,
da sie die Freiheit der Amöbe nicht habe.
Die das sagen wissen nicht, dass sie und die Amöbe
bereits unlösbar Teil eines grösseren Organismus
sind, genannt Leben; oder vielleicht wissen sie nicht,
dass sie Individuen sind.
Dieser Organismus, diese Kreatur, wovon wir alle ein
Teil sind, ist die Biosphäre,
die lebende Oberfläche des Planeten Erde.
Dieser innere Aufruhr, den wir fühlen,
dieses Vorwärtsdrängen hin zu Gruppen-Bewusstsein,
ist die Biosphäre der Erde,
die sich ihrer Existenz bewusst wird.
Sie wird geboren.
Wir wachen auf.

Dafür lohnt es sich. Das Paradies auf Erden ist nahe.

Es ist unsere Verantwortung, als einzelne Zelle eines
lebenden Organismus, unsere individuellen Funktionen
so gut wie möglich auszuführen.
Unsere Befehle kommen von innen;
sie werden uns nicht von aussen auferlegt.
Wir sind frei, uns selbst zu sein, so sehr wir nur können;
und je mehr wir uns selbst sind, umso besser werden
wir funktionieren, und umso zufriedener werden
wir scin.
Unsere Leben werden immer reicher,
und der ganze Organismus wird gesünder.
Unsere Bestimmung ist unvorstellbar hoch.

Im Abgrund der Verzweiflung ist alles einerlei;
ich kann nichts tun, muss hier raus,
Mauern stürzen ein, wirf mir ein Seil,
ich kann mich nicht bewegen,
ich kann es nicht ertragen,
nichts, wirf mir ein Seil...

Und dann eines Tages,
schliesslich müde vom Warten auf Hilfe,
die doch nie kommt, mache ein Seil,
befestige es an einer Felsklippe,
ziehe dich hinauf
und geh weg...

Und es hat all diese Zeit gedauert,
  nur um dich zu finden.

Und das ist genau so lange wie es hat dauern müssen;
  und es war es jede Sekunde wert.

Du zögerst, du denkst und ringst, und schliesslich
denkst du nicht einmal mehr darüber nach,
du liegst einfach nur noch da, besiegt und geschlagen,
du liegst einfach nur noch da für immer,
  und dann eines Tages stehst du auf
und tust, was du tun musst,
und gehst dann über zur nächsten Sache.

Der Willensakt ist der schöpferische Akt, die zeugende Kraft; aus der Entfernung scheinen die Dinge anders zu sein als aus der Nähe, darum haben wir das Wort Gott für die Kraft, die das Leben schuf, irgendwann vor langer Zeit, fern, im Anfang, und es verwirrt uns; vielleicht nennen wir auch das Gott, das die Menschen erschuf, diese Kreaturen, die so unerklärlich anders sind als all die anderen Kreaturen; vielleicht nennen wir sogar das Gott, oder Sohn Gottes, das auf der Erde wandelte, und vor zweitausend Jahren das Bewusstsein veränderte, Gott ist immer weit entfernt, die schöpferische Kraft ist etwas in der Vergangenheit, wir sehen die Vergangenheit noch nicht einmal als eine Zeit die einmal Gegenwart war, oder die Gegenwart als das, was als Vergangenheit offenbar wird, nun, es ist alles dasselbe, unsere Naturwissenschaftler, die ins Mikroskop schauen, ins Teleskop, in das sehr Grosse, Weite, in das sehr Kleine, finden nun Dinge; die nur Zahlen beschreiben können, Quantentheorie, Plancks Konstante; sie können keine Worte finden, mit denen man Licht umschreiben könnte, Worte aus der menschlichen Sprache, menschlichen Erfahrung, nur Gleichungen, um Verhältnisse zu definieren,

Armeslänge, das Abstrakte, Distanz, warum können wir es nicht heimbringen, die Dinge sehen aus der Entfernung anders aus, der Horizont, ferne Sterne, das gekrümmte Universum, Relativität, es ergibt keinen Sinn, Heisenberg, Unschärfe, die Grenzen der Wahrnehmung, Gott ist tot, was heisst, dass Er nicht mehr in der Gegenwart zu existieren scheint, hier, die Lichtgeschwindigkeit, eine Zahl, Licht ohne Partikel, Licht eine Welle, Energie, es ist alles Energie, Gott ist Liebe, was heisst das?, Newtons Gesetze brechen zusammen, der Ahnenkult bricht zusammen, die freie Wirtschaft bricht zusammen, es funktioniert nicht, Gott ist tot, Anarchie, Urknall-Theorie über die Entstehung der Welt, Theorie vom stationären Zustand, wo kommen all diese subatomaren Partikel her, wo bin ich, wer bin ich, wer ist der Mensch, wie passt er in all das hinein, das Universum ist eine Schöpfung des Geistes, ein Ergebnis der Wahrnehmungen, Philosophen haben es bewiesen, die Wissenschaft hat es bewiesen, aber was ist all das Zeug, das der Mensch nicht begreifen kann, ultra-violett, infra-rot, je näher du es betrachtest, desto weiter entfernt ist es, all diese Bemühungen, um das Universum zu verstehen, und was bringt es uns? die Atombombe, Sicherheitsräumungen, niemand glaubt mehr, haben unser Vertrauen verloren, kein Vertrauen in Gott den Schöpfer, kein Vertrauen in Christus den Erlöser, kein Vertrauen in den freien Markt, kein

Vertrauen in die Arbeiterklasse, kein Vertrauen in die Wirtschaft, kein Vertrauen in die Technologie, kein Vertrauen in Regierungen, kein Vertrauen in Geld, getrauen wir uns, einander zu vertrauen?
... Ah, Moment mal. Vertrauen ineinander. Der Willensakt ist der schöpferische Akt, die zeugende Kraft. Wie fing das Leben an auf diesem Planeten? Antwort: man kann das Leben nicht anhalten. Zeit spielt keine Rolle. Das Leben wartete einfach und wartete und stand eines Tages auf und tat es und ging über zur nächsten Sache. Lächerlich? Mache ein Experiment. Versuche, nichts zu tun. Tu es solange du kannst, tu es bis du etwas tun *musst*, du kannst es nicht anhalten, du kannst es nicht ändern, es mag lange dauern, die Zeit spielt keine Rolle, ich kann ewig warten, ich habe Zeit. Zeit ist ein Konzept. Das Leben ist wirklich. Es erschafft sich selbst. Wille. Die zeugende Kraft. Gott der Schöpfer. Entstehung des Lebens. Was ist Leben? Leben ist. Versuche es anzuhalten. Versuche ein Experiment. Lass die Bombe explodieren. Ungewissheit. Ein schwieriges Experiment zum Beobachten. Dennoch, Ergebnis gewiss. Du kannst das Leben nicht anhalten. Schneide einen Arm ab. Ein Bein. Blow it up. Warte. Es wächst nach. Verdammtes Zeug. Wie funktioniert das? Lasst es uns herausfinden. Und da

sind wir wieder ... Was ist Gott? Du bist Gott. Ich bin Gott. Was bin ich? Ich bin Leben. Ich bin die Stimme des Lebens. *Ich* bin die Stimme des Lebens. Ich auch. Das Leben hat viele Stimmen. Das Leben hat nur eine Stimme. Hör mir zu. Dies ist Gott, der hier spricht. Hier und jetzt, Leute. Gerade hier in diesem Zimmer. Gerade hier auf diesem Planeten. Keine Distanz. *Keine Distanz???* Keine Mikroskope, Teleskope, Fernseher, Kameras, Priester, kein Sicherheitsglas, kein Deodorant für die Achselhöhlen, kein Sittlichkeitscode, keine Verhaltensregeln, keine Gesetze, keine Gesellschaft, keine Grundsätze? Keine Distanz??? Kehr zurück, es ist nicht sicher, dieses Ding könnte jede Minute in die Luft gehen, wen kümmert das schon, mir ist es scheissegal, geniessen wir es, solange es besteht. Solange wir bestehen. Hier und jetzt.

Gott ist was da ist, wenn du die Entfernung wegnimmst.

Alles menschliche Bewusstsein bewegt sich
auf diese Erkenntnis zu.
Es gibt keinen Bereich menschlichen Bestrebens,
der davon nicht revolutioniert werden wird.
Wir werden uns alle in der Gegenwart vereinigen.

Du kannst das Leben nicht anhalten.
Das Gesetz der Energieerhaltung.

Notiz an die menschliche Rasse:
Wen du nicht übertreffen kannst, dem schliesse dich an.

Jene, die den Menschen als unwichtig erachten
in Anbetracht der unermesslichen Weite des Raumes,
haben nicht realisiert,
dass der Mensch so viel grösser ist als die kleinsten
Teilchen, die er wahrnehmen kann, wie er auch kleiner
ist als
die grössten Teile, die er wahrnehmen kann.

Jene, die den Menschen als unwichtig erachten,
weil er so fein ordentlich in der Mitte der Dinge sitzt,
haben nicht realisiert,
dass *jedes* Ding genau klatsch bums in der Mitte
seines eigenen Wahrnehmungsbereiches sitzt.

Wenn du unendlich weit in die Zeit voraus
sehen könntest,
wenn du unendlich weit in den Raum hinaus
sehen könntest,
gäbe es keine Frage darüber, was du sehen würdest:
Du würdest deinen Hinterkopf sehen.

Jeder will wissen,
  Was kann ich tun? Wir alle wollen den Planeten
retten, den Abfall auflesen, unsere Brüder und
Schwestern befreien, dem Krieg ein Ende setzen und das
Paradies auf Erden herbeiführen —
  aber was kann ich tun, ernsthaft?

Okay, ernsthaft:
  komme in Berührung mit der Wirklichkeit,
komme in Berührung mit deiner eigenen Wirklichkeit,
werde dich selbst.
werde unglaublich high und wirklich und beeinflusse
jeden um dich herum mit deinen Schwingungen,
  wie schwierig dies auch immer sein mag,
lass alles andere fallen und
beginne, die fantastischsten, wirklichen Dinge zu tun,
  die du dir ausdenken kannst — werde dich selbst,
komme in Berührung mit deiner eigenen Wirklichkeit.

Hab Vertrauen in *deine* Fähigkeit zu sein
versuche nicht, jemand anders zu sein,
das ist nicht Sein,
deine blosse Existenz wird die Welt verändern
hänge nicht herum und versuche es zu verstehen,
sei kühn und direkt und ehrlich und energisch,
du weisst was zu tun ist,
wenn du glaubst es nicht zu wissen, dann tue
absolut nichts bis du weisst, diese Methode versagt nie,
reine Empfänglichkeit führt zu reiner Kreativität,
stell dir vor was du sein könntest und
zögere keinen Moment

nimm alles, was stark ist in dir
und lasse es arbeiten
setze es frei
kümmere dich nie darum, was die andern denken,
nimm all deine Muskeln
und strecke sie soweit wie möglich
du wirst überrascht sein, wie gut du dich fühlst
und wie viel Gutes du tun wirst
einfach, indem du reine Energie ausstrahlst
die höchste Form von Kommunikation —
du bist schön

sei
sei
sei !

werde

gib dich einem Leben hin, in welchem
du andauernd deine eigene Sicherheit konsumierst
— dich antreibend, eine höhere Sicherheit anstrebend,
die du erlangst und dann wieder zerstörst, um immer
  noch höher zu gelangen —
es tönt unerträglich schmerzhaft
aber es sind nur Wachstumsschmerzen
hast du nicht gesagt du möchtest Freiheit?
Freiheit ist weder ein Fernseher noch ein Bankkonto
Komfort, Sicherheit werden dich nicht high machen
  werden dir nicht mal Sicherheit geben
sie werden *dich* konsumieren
  und du weisst es.

Sicherheit ist Treibsand

will wirklich jemand in seinem Leben Ehepartner im
Versicherungsgeschäft werden?

Sicherheit, Lebensversicherung
wieviel bist du wert, wenn du tot bist?

mehr als wenn du lebst?
beeile dich und stirb, dann

beeile dich und sei wieder geboren.

Akzeptiere absolut alles
  was dir zustösst
  — einschliesslich Tod und Leben —

öffne dich ganz

sorge dich nicht darum,
das Wichtige herauszupicken,
lass alles auf dich zukommen,
  und das Wichtige
  wird das sein, das dich trifft

alles was du tun musst, ist, nichts auszuschliessen

Sicherheit ist eine Glaswand
völlige Sicherheit ist ein Glaskasten, der alles,
Glück, Schmerzen, Bewusstsein, Wechsel,
Liebe, Gefahr, Wahrheit
  und Luft
von dir fernhält — reiss die Mauern ein
  bevor du erstickst.

reiss die Mauern ein
wir sollten zusammen sein
es ist nicht sicher
aber es könnte Spass machen.

lass alles los woran du dich klammerst

jetzt lass auch alles andere los

wir können lernen, uns nicht mehr abzumühen
indem wir erkennen,
dass wir auf natürliche Weise
getragen werden
wenn wir uns entspannen können wir nicht
  untergehen

gib alle Sicherheit auf
du hast nichts zu verlieren ausser deine Ketten

hör auf dich festzuklammern

mach dich frei

Dies ist die Wahrheit.
Es ist alles wahr.
Jedes Wort, das dir jemand sagt, ist wahr.
Wenn du dich nur weit genug öffnen kannst,
dich bemühst zu verstehen.
Es ist Zeit, den Mythos vom Künstler zu zerstören.
Wir alle sind Künstler.
Wir müssen Kunst mehr *schätzen.*
Es gibt so viele grosse Schöpfungen.
Wir brauchen aufmerksame Zuhörer, sorgfältige Leser,
genaue Beobachter, hervorragende Empfänger,
Es ist alles wahr;
die Schwierigkeit ist nicht, Wahrheit zu sagen,
sondern Wahrheit zu *akzeptieren.*
Wahrheit zu *umarmen.*
Das ist Grösse.
Öffne dich.

Suche nicht nach Schönheit.
Finde Schönheit.

Alles Leben, von Tag zu Tag und von Jahrhundert zu
Jahrhundert, ist eine Folge von
Stolz und Demut; Demut, die zu grösserem
Bewusstsein führt, grösseres
Bewusstsein, das zu grösseren Errungenschaften führt,
grössere Errungenschaften, die zu Stolz führen,
Stolz, der Blindheit erzeugt, Mangel an Bewusstsein,
Unausgewogenheit, Verfall
und die langsame Wiederkehr der Demut...

Vielleicht können wir jetzt, da wir uns dieses Kreislaufes bewusst sind, diesen transzendieren...
Ist es möglich, immer high zu sein ohne dadurch hochmütig zu werden?
Es ist möglich, wenn du wirklich high bleibst...

Vergiss nicht: ohne die Gnade Gottes
wären wir nicht Gott.
Darüber sollten wir nachdenken.

Das Ende der Welt
und der Moment der Schöpfung
sind Illusionen, verursacht durch den Ausblick
in die Ferne, wie parallele Linien,
die sich am Horizont zu treffen scheinen
(und aufhören, oder anfangen).

Die Schöpfung (Geburt, Tod) ist ein kontinuierlicher
Prozess, der in der Gegenwart abläuft;
die Fähigkeit, ins Sein zu gelangen,
ist eine dem Leben innewohnende Qualität,
wird nicht durch irgendeine
Kraft von aussen verursacht.

Empfängnisverhütung/Geburt —
es ist nicht so einfach,
wie arrogante Menschen glauben mögen.
(Ob sie verhütet werden soll oder nicht
ist eine bedeutungslose Frage; du weisst in
jedem Moment, was du tun sollst;
Richtig-oder-Falsch hat aufgehört zu
existieren in unserem Universum.)

Das Leben geht weiter.

Mach die Dinge geschehen.
Lass die Dinge geschehen.

Wenn jemand dich lieben möchte, und du
lässt es nicht zu, was bedeutet das?

Gedanke:
  Ich kann nicht.
Bewusstsein:
  Ich kann alles tun was ich will.

Gedanke:
  Ich will nicht.
Gedanke:
  Warum nicht?

Bewusstsein:
  Ich habe Angst.
  Ich habe Angst loszulassen.

Gedanke:
  Aber ich habe nicht immer Angst. Oder doch, aber ich
  liebe trotzdem. Weil ich diese Person so sehr will,
  überwinde ich meine Angst und mein Zögern. Es liegt
  mir soviel daran, dass ich es versuche. Oder ich bin
  besessen; die Seele drängt mich zu lieben, und
  ich höre nicht auf, einen Grund dafür zu suchen.
  Diese Zeiten sind die einfachsten
  — und aufregendsten.

Bewusstsein:
  Du bekommst was du brauchst.

Gedanke:
Ich bin eingeschränkt durch meine Ängste.

Bewusstsein:
Ich kann nicht alle meine Ängste aufs Mal
eliminieren, aber ich kann sie zurückstossen,
ich kann mutiger sein,
ich kann mein Universum erweitern.

Gedanke:
Ich will mehr lieben, mehr geliebt werden.

Bewusstsein:
Ich muss mich öffnen, muss bereit sein zu immer
grösserer Hingabe. Je engagierter ich bin,
umso grösser wird meine Fähigkeit zu lieben.
Ich muss an meinem Selbstvertrauen arbeiten.
Es ist das Selbst, das liebt,
nicht der Körper, nicht der Verstand.

Wir müssen unser Selbst öffnen.

Wir müssen uns von den Mustern befreien,
die uns einschränken.
Es gibt zwei Wege, wie wir dies tun können:
fasten, und festen.
Hör auf fernzusehen, oder sieh Tag und Nacht fern bis
dein Verstand total überschnappt.
Hör auf Musik zu hören, oder höre Musik auf Kosten
alles anderen, bis es dich verrückt macht.
Wenn dich dein Fasten nicht high macht,
dein Leben und deine Gedanken nicht verändert,
tue es noch intensiver, schränke dich noch mehr ein,
stelle dich noch grösseren Herausforderungen,
entbehre noch mehr, bis zu verzweifelt genug bist
um das Licht zu sehen.
Wenn dein Festen dich nicht high macht,
treibe es noch mehr voran, feste mehr und mehr,
überanstrenge deine Sinne bis zu den Grenzen
und über die Grenzen hinaus,
baue weiter am Turm bis er einstürzt,
nimm mehr und mehr Stimuli in dich auf
bis du zusammenbrichst unter der Anstrengung,
bis du den Durchbruch schaffst.
Das Ziel ist erneuertes Bewusstsein, Freiheit;
wir können dies erlangen, wenn wir versuchen.

Wiederholung tötet das Bewusstsein.
Wiederholung tötet das Bewusstsein.
Zerbrich das Glas.
Zerbrich das Glas.
Don't think twice, it's all right.

Die Technologie ist ein Rätsel, das uns alle verwirrt hat. Je genauer du die moderne Technologie betrachtest, um so mehr schädliche Auswirkungen auf unsere organische Umwelt findest du.
Und weil unser Bedürfnis weiterzuleben grösser ist als die Notwendigkeit der Technologie, scheint das Argument berechtigt, dass die Technologie ausgerottet werden sollte.
Ein kurzsichtiger Gesichtspunkt.
Tatsächlich nötig ist, dass wir technologischen Fortschritt machen.
Dabei geht es selbstverständlich nicht um triviale Verbesserungen; wir sprechen nicht vom Installieren von Luftverschmutzungs-Kontrolleinrichtungen; wir sprechen nicht von Reform; wir sprechen von Revolution. Unsere Technologie auf den Stand unseres Bewusstseins zu bringen wird drastische Konzept-Veränderungen erfordern für fast alle komplexen Einrichtungen, die heute in Betrieb sind.
(Eine Axt ist ein einfaches Werkzeug; gekoppelt mit Bewusstsein ist sie nicht destruktiv für die Umwelt. Eine Motorsäge ist ein komplexes Werkzeug; es ist zu einfach; es neigt dazu, das Bewusstsein seines Benützers zu schwächen; zudem braucht es fossile Brennstoffe, die während des Verbrennens für Erde und Wasser destruktiv sind, und danach schädlich für Luft und Leben. Hier soll ferner noch erwähnt werden, dass unser Vorrat an fossilen Brennstoffen und vielen Metallen allmählich erschöpft ist usw., usw.

Ähnliche Vergleiche können gezogen werden zwischen so einfachen und komplexen Werkzeugen wie dem Fahrrad und dem Auto, dem Rechenschieber und dem Computer usw.)
Unsere Technologie auf die Stufe unseres Bewusstseins zu bringen ist die absolute, unvermeidliche Ergänzung dazu; unser Bewusstsein auf die Stufe der Technologie zu bringen, worauf wir uns bis jetzt konzentriert haben. Bewusstsein und Technologie treffen sich im Lebensstil des Individuums; das ist der Kampfplatz von Konflikt und Veränderung.

Die gesamte komplexe Technologie muss neu überarbeitet werden, so dass ausserhalb des Lebensflusses auf Erden keine Maschine in Betrieb ist. Die Gesundheit dieses ganzen Organismus zu erhalten — *nicht die des Individuums* — muss das erste Ziel all unserer Bestrebungen sein. Wenn alle Werkzeuge mit dieser Absicht entworfen und benutzt werden, wird die menschliche Technologie befriedigend in die Gegenwart fortgeschritten sein. Bis das geschieht, ist sie auf kriminelle Weise ungenügend und muss zerstört werden um ihrer Wiedergeburt willen. Das ist der kreative Prozess.

Gehen wir an die Arbeit.

Unsere heutige Technologie ist kein Fehler — es ist
nicht möglich, einen Fehler zu machen —
sie ist vielmehr ein extrem primitiver
Vorbote der unglaublichen organischen Technologie,
die in diesem Universum zu kreieren unsere
Bestimmung ist.
Wir dürfen unseren schöpferischen Genius nicht von
unseren primitiven Spielzeugen einschränken lassen!
Wir dürfen uns nicht an die Vergangenheit klammern,
wo es doch in der Gegenwart so viel zu tun gibt.

Wenn du damit anfangen möchtest, die neue Technologie
zu kreieren, dann beseitige alle komplexen Werkzeuge.
Sie sind Fehlkonzeptionen. All die brillanten
Entdeckungen
und Erfindungen unserer Zeit werden mit unserem
Verstand und unseren Händen und unseren Sinnen
gemacht werden,
mit Hilfe von einfachen Werkzeugen und
Konzepten.
Dies ist heute so wahr wie es das in der ganzen
Geschichte war.

Viele der grössten Entdeckungen unserer Zeit werden
von jenen gemacht, die auf ihr Herz und
aufeinander hören, aber zudem auch auf
das ganze Reich des Lebens: auf die Bäume, Vögel,
Insekten, Fische, Würmer, Algen; auf die Ozeane und
Wälder und Berge und Wüsten und Himmel;
auf alles Bewusstsein, das auf diesem Planeten wohnt;
auf alles Leben, nicht nur auf das fragmentarische
Bewusstsein des Homo sapiens allein.

Lerne, das Schöne zu sehen,
wenn du Wahrheit begegnen möchtest.

Lerne, das Wahrhaftige zu sehen, wenn du Schönheit begegnen möchtest.

Das Himmelreich ist in uns.
Alles was wir tun müssen ist, unser Selbst zu finden, unser Selbst auszudrücken, unser Selbst zu manifestieren, und wir werden es überall um uns herum finden.
Warum noch länger warten...?

Weigere dich, auch nur *irgendetwas* zu tun zu haben mit
irgend etwas (wie z. B. einer Nation oder Person
oder Behörde),
das es darauf abgesehen hat, wohlhabender zu werden
statt bewusster, berühmter statt offener.
Tu nichts, das zu diesem krebsartigen Wachstum
beitragen könnte.
Isoliere es. Lass es sterben.

Energie füllt das Universum aus.
Energie kommt und geht.
Bewusstsein definiert Energie.
In diesem Bewusstsein sind wir alle in Berührung mit allem.

Unten bedeutet innen.

Die Wahrheit wird innen gefunden.

Sie ins Bewusstsein zu bringen
ist der Schöpfungsakt.

Liebe ist die Bestätigung der Energie.
Sie lässt sie immer durch uns fliessen.

Leben ist das selbst-schöpferische Energiewesen,
das wir Gott nennen.

Selbst ist selbst und allein und verantwortlich.

Lass los.